L_n^{27} 19779.

ORAISON FUNEBRE

DE MESSIRE

GASPARD DE TRESSEMANNES-BRUNET,

ANCIEN ÉVÊQUE DE GLANDÈVE,

Prononcée le 25 Novembre 1784, dans l'Église de Sannois, au Service solemnel qu'ont fait célébrer MM. les Curés de la Vallée de Montmorency, Diocèse de Paris;

Par M. DE SAINT-MACAIRE, Curé de Sannois.

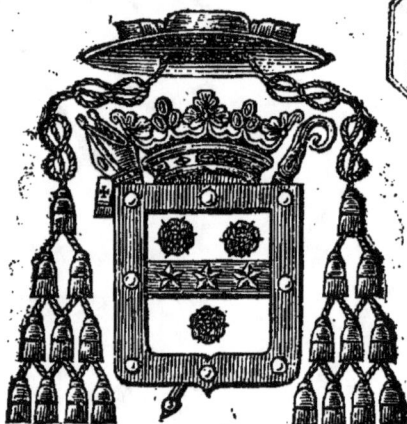

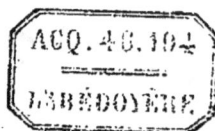

A PARIS,

Chez GUILLOT, Libraire de MONSIEUR, Frère du ROI, rue Saint-Jacques.

M. DCC. LXXXIV.

ORAISON FUNEBRE

DE MESSIRE

GASPARD DE TRESSEMANNES - BRUNET,

Ancien Évêque de Glandèves

Sapientia juſtum deduxit per vias rectas.

La ſageſſe a conduit l'homme juſte par des voies droites, *Liv. de la Sag.* 10.

MONSEIGNEUR (*),

IL en exiſte donc encore des juſtes parmi nous, Meſſieurs, malgré la per-

---

(*) Mgr. l'Evêque de Glandève, Célébrant.

verfité du fiècle. Ce font des aftres bienfaifants que Dieu place à propos dans cette région ténébreufe, pour l'éclairer & pour la féconder; mais, après avoir jeté leur éclat, ils s'éclipfent pour s'aller réunir au véritable foleil de juftice qui habite une lumière inacceffible [*].

DOCILES aux leçons de la divine fageffe, ces juftes ne s'écartent point des fentiers de la vertu. Quelques efforts qu'elle commande, ils font fatisfaits par la paix intérieure dont ils jouiffent; ils font confolés par l'efpérance d'une couronne qui leur eft réfervée.

EST - CE ainfi que la fageffe du monde récompenfe fes partifans? Leurs voies, pleines de détours, les éloignent plus tôt qu'elles ne les rapprochent du bonheur. Contents de pouvoir s'établir fur la terre une félicité momentanée,

---

[*] *Quafi lucernæ lucenti in caliginofo loco.* II. Petr. 1, 19.

le royaume des Cieux leur paroît une chimère. Ils rendent toutefois des hommages, ils offrent des facrifices pénibles à une divinité, l'opinion publique; être phantaftique, & néanmoins bizarre, injufte, cruel, dont les adorateurs font autant d'efclaves.

HEUREUX donc le jufte que la fageffe conduit! heureux le vertueux Prélat que nous pleurons, qui a marché conftamment dans la voie droite de l'Evangile, qui n'a jamais eftimé que le royaume de Dieu, dont les œuvres ont été pleines & lui ont mérité une éternelle béatitude [*]!

OUI, Meffieurs, le Pontife à qui nous rendons aujourd'hui des devoirs funèbres, eft peint au naturel dans le portrait que le Sage nous a tracé. Sa vie porte les caractères de ce jufte que le

[*] *Sapientia. . . . oftendit illi regnum Dei & complevit labores illius.* Ibid.

A 3

Saint-Efprit nous repréfente : *fapientia juftum deduxit per vias rectas.*

QUELLE confolation pour moi de pouvoir donner un libre cours à la reconnoiffance, fans altérer la vérité & fans bleffer en rien la fainteté de mon miniftère ! Meffieurs, je ne m'excuferai ni fur la précipitation de mon travail, ni fur mon inexpérience. Je décris les vertus d'un héros chrétien, dont le grand mérite fut la fimplicité. Dois-je puifer dans une fource étrangère des traits d'éloquence qui ne s'affortiroient pas à mon fujet ?

L'EVÊQUE de Glandève, dans les différents états par où il a paffé, s'eft acquitté, jufqu'à la perfection, des devoirs qui y étoient propres; & je vais, Meffieurs, vous faire remarquer, par le détail qui nous eft parvenu de fes actions, que c'eft avec raifon que je lui applique la dénomination d'homme jufte.

Deux points précis vont fixer ma proposition. Nous considèrerons ce Prélat sous deux rapports : dans l'état d'un homme privé, & dans les engagements du service des Autels.

Sous le premier rapport, nous le verrons tout occupé à se former sur l'esprit de l'Evangile ;

Sous le second rapport, nous l'admirerons remplissant les obligations du Sacerdoce.

En deux mots, il a été un parfait Chrétien ; il a été un digne Ministre de Jésus-Christ. Tel est le précis de l'éloge que je consacre à la mémoire d'Illustrissime et Révérendissime Père en Dieu, Monseigneur GASPARD DE TRESSEMANNES-BRUNET, ancien Evêque de Glandève.

A 4

PREMIÈRE PARTIE,

MONSEIGNEUR,

QUE d'avantages pour une bonne éducation, dans une naiffance diftinguée ! Eh ! pourquoi d'une fource fi pure coule-t-il fouvent des eaux empoifonnées ? Ah ! des parents, enivrés des grandeurs du monde, peuvent-ils infpirer autre chofe à leurs enfants que des fentiments d'ambition ? Plongés dans l'amour des plaifirs, ils leur en font naître le goût ; avant même qu'ils puiffent comprendre combien ils font funeftes ; & à peine ces enfants font-ils en âge de difpofer de leur cœur, que, trompés par le langage commun & féduits par l'exemple général, ils fe trouvent incapables de s'attacher à Dieu, qu'ils ne connoissent pas, & ne sont plus maîtres de se refuser au monde, dont ils ont insensiblement sucé l'esprit & goûté toutes les maximes.

La Providence garantit de ce piège GASPARD DE TRESSEMANNES. Animé à la pratique de la vertu, plus encore par les exemples domestiques que par les leçons qu'il reçoit, il ne se laisse pas éblouïr par le faux éclat d'une ridicule vanité. Sur les traces de ses aïeux, il pourroit continuer la réputation qu'ils se font acquise dans la profession des armes; mais Dieu a d'autres vûes sur lui. Au lieu de cette milice terrestre, où le brave soldat ne se distingue que par l'effusion de sang & la destruction de ses semblables, il le choisit & le prépare de loin pour en faire un illustre chef de cette milice spirituelle, où la gloire des combattants consiste à augmenter le nombre des Saints, à fauver des ames, & à étendre le royaume de Jéfus = Chrift.

AVANT que fa raifon foit tout à fait formée, on délibere fi on l'aggrégera à cet Ordre illuftre (1) qui fait pro-feffion de combattre les combats du Seigneur, où quantité de fes proches ont déja fourni une glorieufe carrière en mourant pour la défenfe de la Religion ; ou bien fi on le deftinera au fervice des Autels. Ses mœurs pacifi-ques, fon attrait pour la piété, la déli-cateffe de fon tempérament détermi-nent fa vocation.

QU'AI-JE dit, mes Frères? elle ne venoit donc pas du Ciel? A Dieu ne plaife que nous formions le moindre doute à cet égard! Loin d'ici, à la vérité, ces vocations tout humaines, où Dieu n'eft point confulté, qui n'ont pour principe qu'un efprit de cupidité ou d'ambition. Loin d'ici ces vocations

de convenance, où de barbares parents
facrifient, à l'élévation d'un enfant qu'ils
idolâtrent, tous fes frères qu'ils livrent
tôt ou tard au chagrin, au crime, au
défefpoir. Mais reconnoiffons en même
temps, que les parents vraiment religieux
font les inftruments ordinaires dont
Dieu fe fert pour manifefter fes volontés
fur leur poftérité.

ADMIRONS ici, Meffieurs, les
refforts de la divine fageffe. L'harmonie
qui doit régner entre tous les ordres de
la Société ne fauroit fubfifter, fi
chacun des Membres qui la compofent
n'étoit à fa place. Ceux qui font nés
dans une condition obfcure, (pour
parler le langage du fiècle) font forcés
de s'y maintenir, à moins que des
talents fupérieurs, par un dèveloppe-
ment inattendu, ne les faffent fortir de
leur fphère. Mais ceux qui, entrant
dans le monde, s'y trouvent placés fur
un degré qui domine les autres, trou-
bleroient en quelque forte l'ordre

actuel de la Providence, s'ils defcen-
doient de leur rang pour entrer dans une
claffe fubalterne. Et voilà la fource des
foucis, des inquiétudes, des perplexités
d'un père de famille, qui, voyant multiplier fes enfants, ne fait fouvent
comment pourvoir dans la fuite à un
établiffement conforme à leur naiffance.

GRACES en foient rendues à l'inef-
fable bonté de Dieu ! Il ouvre des reffources à la médiocrité, à l'indigence
même, par des inftitutions fages &
variées, qui font la joie & l'ornement
de l'Eglife, & dont les abus exagérés
par une opinion anti-chrétienne, ne
fauroient balancer les avantages réels
qu'ils procurent à la Société.

LE Marquis DE TRESSEMANNES,
fans être réduit à une pareille extrê-
mité, juge néanmoins que GASPARD
eft appelé de Dieu à l'état le plus faint
du Chriftianifme. Le père en cela

féconde les défirs du fils ; & dès l'aurore
de fa jeuneffe, il eft initié aux fonctions
eccléfiaftiques.

DÉJA on a vu éclater en lui, comme
dans un autre Tobie, la modeftie & la
gravité. Exempt des défauts ordinaires
à prefque tous les jeunes gens, il ne
tient de l'enfance que l'innocence &
la candeur. Toutes fes inclinations ne
tendent qu'à la piété. La grâce qui l'a
prèvenu, eft fi abondante & fi féconde,
qu'on lui voit d'abord pratiquer les
vertus dans ce degré de perfection, où
l'on ne parvient communément que
peu à peu & par un long exercice.

BIENTÔT admis dans une maifon
eccléfiaftique, à l'étude des Lettres
humaines, il fait fuccéder l'étude des
fciences divines. Jamais il n'en fépara
l'étude la plus effencielle, celle de la
fcience des Saints. Il avoit appris de
Saint Paul, qu'il eft une fcience qui

enflé, qui n'aboutit qu'à égarer ceux qui s'y livrent, une fcience qui fait difparoître l'attrait pour les exercices de piété, qui ôte le goût des chofes de Dieu : le jeune TRESSEMANNES épure fes études de tous ces défauts. Il s'applique à l'étude de la Loi ; mais il croiroit profaner ce Livre divin, s'il y cherchoit plutôt à orner fon efprit qu'à cultiver fon ame. S'il en defire l'intelligence, comme David [*]; fi, comme Efdras, il prépare fon cœur à approfondir les myftères qui y font renfermés ; c'eft pour accomplir cette aimable Loi, en fe deftinant à en inftruire un jour les peuples qui feront confiés à fon miniftere : *Paravit cor fuum ut inveftigaret legem Domini, & faceret, & doceret.*

LA méditation des Livres faints lui découvre la beauté de la vertu, le mépris qu'un Chrétien doit faire des biens périffables, le prix du détache-

[*] *Pf.* 118.

ment, les avantages de la confiance
en Dieu : il veut pratiquer la perfection;
mais il découvre des obstacles pour y
parvenir, dans les fonctions publiques
auxquelles il sera appliqué, toutes
saintes qu'elles sont. Il envie le sort
heureux de ceux qui l'ont devancé
par un entier sacrifice. Chaque maison
de retraite est à ses yeux un paradis de
délices; & parmi les Ordres divers qui
illustrent l'Eglise & qui l'édifient, il
choisit le plus austère, le plus inacces-
sible au monde, celui qui dans la dé-
cadence des siècles renouvelle la gloire
des premiers; il se dispose enfin à
s'ensevelir dans l'obscurité du cloître,
parmi les enfants de B R U N O.

V o u s ne le permîtes pas, ô mon
Dieu ! Content de la préparation de
son cœur, il se rendit moins aux pres-
santes sollicitations d'une famille qui
le pleuroit déja, qu'à la voix d'un Ange
visible, le saint & illustre Archevêque

d'Aix. Sur la foi de cet oracle, qu'il consulta jusqu'à la mort, il consent à se fixer dans sa première vocation.

La plus scrupuleuse exactitude à ses exercices, l'assiduïté à la prière, l'esprit d'oraison qui commence dèslors à faire ses délices, son indifférence pour les jeux les plus innocents, l'amour de la solitude le font remarquer, le font admirer & de ses Supérieurs & de ses collègues : il se concilie leur respect & leur affection. Déja zélé pour la gloire de Dieu, pour la perfection du prochain, & pour la sienne propre, il s'associe de jeunes Clercs en qui il voit des dispositions analogues aux siennes ; & sous les auspices de l'auguste Mère de Dieu, pour qui il eut jusqu'au dernier soupir une vénération si profonde & une si tendre confiance, ils forment ensemble une sainte liaison. Profitant du temps des récréations, ils trouvent le délassement à leurs travaux scholastiques

dans

dans des conférences familières, où, bannissant le ton sérieux & d'autorité, égayant même les avis mutuels qu'ils se donnent, ils établissent parmi eux des moniteurs réciproques pour s'exciter à l'observance de leurs devoirs.

Que les liaisons seroient utiles, si chacun cherchoit la vertu dans le commerce de l'amitié ! On se fortifieroit contre le torrent du vice, ou contre les flots orgueilleux de l'erreur : on s'animeroit à l'envi, à la pratique du bien : on étendroit plus aisément la connoissance de Dieu & l'amour de sa Loi. Qu'on est aveugle sur un article si important pour tous les âges, & surtout pour la jeunesse ! On se lie inconsidérément ; on s'attache à la naissance, aux talents, aux dignités, à la fortune pour se faire un ami. Qu'il soit licencieux dans ses paroles, impie à l'égard , injuste envers les hommes ; qu'il soit sans mœurs & sans conduite ;

B

on ne redoute point fa fociété , fouvent même elle n'en plaît que davantage. Par là le vice fe communique, le déréglement devient général, les premières femences de la vertu font étouffées dans les ames , parce qu'il ne fe trouve point de jufte pour les cultiver ; la piété eft bannie , & Dieu n'a prefque plus d'adorateurs.

Il s'en conferve toujours un en la perfonne du pieux TRESSEMANNES. Ce jeune Lévite trouve de plus en plus fa félicité dans l'attachement qu'il lui a voué. Les nouvelles grâces qu'il en reçoit font pour lui un nouveau motif de fidélité. Il s'applique l'avis que l'Apôtre donnoit aux premiers Chrétiens : il ambitionne les plus éminentes vertus [*].

Il confidère que, fi le commun des

[*] *Æmulamini charifmata meliora , & ecce excellentiorem viam vobis demonftro.* I Cor. 12.

Fidèles doit fervir Dieu, c'eft à fes Miniftres à lui être étroitement unis ; que, fi la perfection du Père Célefte, toute inimitable qu'elle eft, eft propofée à tous les hommes pour modèle, & que, fi perfonne n'eft exempt de faire pénitence & de porter fa croix, un Miniftre des Autels eft de plus obligé aux facrifices des plus légitimes affections.

DE là cet oubli, cette féparation d'avec le monde, jufqu'à s'interdire les vifites de décence chez fes plus proches parents ; cette foumiffion entière, cette parfaite conformité aux décrets du Tout-Puiffant, quand il apprend que la mort a immolé des victimes qui lui étoient chères ; cette paix, cette tranquillité d'ame, cette confiance en Dieu, dans des revers domeftiques.

DE là cette attention à corriger l'ardeur de fon tempérament, à en

réprimer les faillies (3), à captiver son
efprit & fon cœur pour ne pas laiffer
échapper des vivacités qu'il avoit trou-
vées au fond de fon caractère. A l'exemple du grand FRANÇOIS DE SALES,
qui fut toujours fon protecteur & fon
modèle , il fe faifoit une violence
étonnante pour arréter l'impétuofité
de fon naturel. Auffi quand , malgré la
vigilance qu'il portoit fur toutes fes
démarches , il lui eft arrivé de laiffer
entrevoir de ces premiers mouvements,
dont les Saints n'ont pas été exempts ,
il s'en humilioit auffi tôt , il fe punif-
foit , & plus d'une fois fa haute piété
l'a porté à demander pardon à fes
propres ferviteurs. Que dis - je ? fes
ferviteurs ! Ah ! il les regarda toujours,
felon l'avis de Saint Paul , comme fes
frères ; il les traitoit comme fes amis ;
& fans jamais s'abaiffer jufqu'à la familiarité , il gagnoit leur cœur en même
temps qu'il obtenoit leur refpect [*].

_____

[*] Ep. ad Philem. ℣. 16.

Oui, Meſſieurs, ce Prélat que vous avez connu ſi doux, ſi débonnaire, ſi modéré, n'étoit tel que par vertu, & une vertu acquiſe au prix de pluſieurs ſacrifices. Et dans les derniers temps de ſa vie, il étoit tellement mort à lui-même, qu'on n'appercevoit plus, ce ſemble, en lui que cette douceur, qui eſt le fruit de la ſageſſe, & que Salomon nous peint par un aſſemblage de riches expreſſions qui ne préſentent toutefois qu'une même idée : eſprit doux, bienfaiſant, plein d'affection, d'humanité, de bénignité. *Suavis, amans bonum, benefaciens, humanus, benignus.*

De là cette docilité d'enfant ; il doute, il conſulte, & ne ſe décide que d'après les avis qu'il reçoit : cette ſimplicité admirable qui, dans ſes converſations, dans ſes vêtements, dans tout ſon extérieur, annonce l'Homme de Dieu : ce déſir de la perfection (4) ; il veut que le dépoſitaire de ſes ſentiments

B 3

les plus intimes , foit en même temps le
témoin de toutes fes actions ; imitant
en cela les plus faints Prélats de la
vénérable antiquité , qui retenoient
conftamment auprès d'eux celui qu'on
appeloit le *Syncelle* , lequel , étant
plus à portée de voir tout le détail de
la conduite, pouvoit plus équitable-
ment exercer fur la confcience la fonc-
tion de juge.

DE là cet amour pour la plus belle
des vertus. Avec quel foin n'écarte-t-il
pas tout ce qui peut l'altérer ! Sa déli-
cateffe fur ce point ne fauroit être
trop ménagée. La moindre indécence
apperçue involontairement , une parole, un gefte le jette dans le trouble.
De forte qu'on peut dire qu'il diffipe
le mal par fes regards , & que le libertin
tremble en fa préfence.

DE là cet efprit de mortification, qui
malgré lui fe fait appercevoir (5)

& trompe fa vigilante humilité. Si la foibleffe de fa complexion exige des ménagements, il fait s'en dédommager, quand il jouït de la fanté ; il châtie fon corps innocent ; il le réduit en fer- vitude, comme l'Apôtre. Et ne penfez pas, Meffieurs, que ce foient ici de pieufes exagérations : je parle comme témoin oculaire ; & à la face des Autels, j'avoue un larcin, que je crus devoir lui faire, & qu'il n'a jamais fu, de différents inftruments propres à macérer le corps, le voyant affoibli par une maladie.

DE là enfin cette foi vive & animée, ce profond refpect, ces tendres effufions envers le myftère d'un Dieu victime. Plein de ces fentiments, les produifant au dehors fans affectation, on le voyoit recueilli, profterné, immobile, anéanti, répandant fon âme devant le Seigneur : il fembloit ne trouver jamais de temps

B 4

plus rapide que celui qu'il paſſoit aux
pieds des Tabernacles ; négligeant les
beſoins du corps, il s'oublioit lui-même,
tout abſorbé qu'il étoit en préſence
d'un Dieu immolé pour ſon ſalut.

Un exemple auſſi frappant & ſi ré-
cent ne peut-il pas, ne doit-il pas faire
impreſſion ſur nous, Meſſieurs ? Nous
pouvons donc également pratiquer le
Chriſtianiſme dans ſa pureté. N'en dou-
tons pas ; quand un Chrétien, comme le
ſage Architecte de l'Evangile, a établi
le fondement de ſa piété ſur la pierre
ferme qui eſt Jéſus-Chriſt, c'eſt inuti-
lement, c'eſt ſans effet que la violence
des vents & les efforts de l'orage
ſe déchaînent contre ſon édifice.
Les ſcandales du monde ne ſauroient
l'ébranler, ni ſes grandeurs l'éblouïr,
ni ſes biens le tenter, ni ſes careſſes
le ſéduire. Tel a été GASPARD DE
TRESSEMANNES, dont j'ébauche

le portrait : c'eſt ainſi qu'il s'eſt diſpoſé
aux fonctions auguſtes du Sacerdoce.

Il fut un parfait Chrétien ; il fut un
digne Miniſtre de Jéſus-Chriſt.

SECONDE PARTIE.

HEUREUX celui, dit le Prophête, qui, éloigné de la contagion de l'erreur & du vice, ne connoît d'autre loi que la volonté du Seigneur! Semblable à un arbre planté fur un rivage avantageux, il produit, dans fon temps, des fruits abondants & exquis [*].

AINSI la piété de L'ABBÉ DE TRESSEMANNES ayant jeté de profondes racines, fon cœur ayant reçu fans obftacle, les influences céleftes, parvenu à la maturité de l'âge & de la vertu, il ne tarde pas à faire paroître des fruits de zèle, de charité, de fain-teté.

A peine eft-il fait participant du Sacerdoce de Jéfus-Chrift, que l'Efprit-

_____

[*] *Pf.* 1.

Saint grave dans fon âme toutes les vertus
qui caractérifent un Ouvrier évangé-
lique. Plein de vénération pour fon
état & tout occupé de fes obligations,
il fait que fon temps, fa vie même,
appartient au falut du prochain & à la
gloire de fon Maître ; & comme un
fidèle économe, il en rapporte tous
les moments à ces deux objets.

TOUT concourt en lui à l'avan-
cement de fon œuvre. Ses exhortations
perfuadent, fes exemples animent, fes
prières achèvent de perfectionner fon
miniftère, en attirant du Ciel les bénédictions du Père des miféricordes.

APPELÉ par un Pontife vénérable,
placé dans fa Cathédrale, affocié à d'il-
luftres Confrères, dont plufieurs fortis de
cette célèbre école ont été utilement
placés fur le chandelier de l'Eglife,
L'ABBÉ DE TRESSEMANNES,
admis dans la confiance d'un fi digne

Prélat , en profite pour lui propofer
l'établiffement d'une Maifon , où les
jeunes perfonnes nées dans les ténè-
bres de l'erreur puiffent parvenir à la
connoiffance de la vérité. Son projet
eft applaudi , il eft bien tôt exécuté ;
& la Communauté de la Propagande
de la Ville d'Aix le regardera toujours,
avec reconnoiffance, comme le premier
& le principal agent d'une œuvre fi utile
à la Religion & à la Patrie.

MAIS une plus vafte carrière s'ouvre
au zèle de ce fervent Abbé. La bonne
odeur de fes vertus fe répand au loin ,
& les vœux des peuples avoient prévenu le choix du Souverain , qui l'ap-
pele pour le placer fur un Siège épif-
copal. Il ne doit fon élévation , ni à
l'ambition , ni à des intrigues fecrètes ;
il ne la doit qu'à fon mérite connu.

UN illuftre allié , qui a fi bien mérité de la nation ; qui, par fes talents

diftingués, par des vertus peu com-
munes à la Cour, parvint lui-même
au plus haut degré de gloire où puiffe
monter un Sujet François ; ce grand
Homme, qui femble revivre parmi
nous dans le digne héritier de fon
nom (6), lequel, formé par de fi habiles
mains, fait concevoir les efpérances
d'une gloire qui fe perpétuera dans fa
pofterité, & qui, dès fa tendre jeuneffe,
faifoit à l'envi toute la confolation de
deux familles, le Maréchal du Muy fait
connoître L'ABBÉ DE TRESSEMANNES :
& fans exciter l'envie, toujours inquiète,
toujours attentive à fupplanter, L'ABBÉ
DE TRESSEMANNES, âgé de trente-
quatre ans, fe voit à la tête de l'Eglife
de Glandève.

A n'envifager l'Epifcopat qu'à travers
la pompe qui le décore, la magnifi-
cence qui l'accompagne, les richeffes
qui en font l'apanage, le crédit qui
y eft attaché, la confidération qu'il

donne, les bienfaits qu'il diftribue, les diftinctions qu'il procure, les honneurs qu'on lui rend, fa prééminence dans la hiérarchie eccléfiaftique, celle dont il eft en poffeffion dans l'ordre civil ; il faut l'avoüer, Meffieurs, rien de plus féduifant pour des yeux mondains.

Ce n'eft pas ainfi que L'Abbé de Tressemannes confidère cette dignité : il la fixe dans fon vrai point de vûe, avec les yeux d'un Chrétien ; ces yeux éclairés du cœur, comme parle S.Paul, qui lui font envifager fa vocation à un état de fainteté. *Illuminatos oculos cordis veftri, ut fciatis quæ fit fpes vocationis Dei in Sanctis.* [*].

Il regarde plus tôt le miniftère eccléfiaftique comme un engagement de peine & de travail, que comme un état de

[*] Eph. 1, 18.

délices & d'oifiveté. Il n'a d'autres vûes
que de fe facrifier pour fon troupeau,
& de remplir tous les devoirs de la
charge paftorale. Bien éloigné de chercher une augmentation de gloire & de
revenu, rien ne lui rend fupportable fa
nomination que le défir d'être utile à
un plus grand nombre de Fidèles, &
l'efpérance de multiplier fes couronnes
dans le Ciel en redoublant fes travaux apoftoliques. *Ut fciatis quæ fit*
fpes vocationis Dei in Sanctis.

CES difpofitions d'immolation & de
facrifice que j'attribue à L'ABBÉ DE
TRESSEMANNES ne font pas, Meffieurs,
l'effet d'une imagination exaltée de
l'Orateur pour fon Héros. Bien tôt je
vous mettrai fous les yeux les preuves
du zèle pur qui le dévoroit. Je pour-
rois ici appeler en témoignage les Dio-
cèfes de Riez, d'Apt, d'Aix : je me
contente devous citer l'exemple, peut-
être unique, d'une mère qui s'attrifte,

qui verſe des pleurs ſur un fils de-
venu Evêque. Il eſt naturel à des en-
trailles maternelles d'éprouver, dans de
pareilles circonſtances, de vives ſen-
ſations de joie : « Pourquoi donc, mère
» tendre, vous affliger d'un bonheur
» qui va rejaillir ſur toute votre maiſon?».
Pourquoi, Meſſieurs ? Voici le motif
de ſa douleur ; *Je connois mon fils,
il en mourra.* Oui, elle connoît mieux
que perſonne le cœur de ce digne
fils ; elle prévoit tout ce que ſon courage lui fera haſarder ; elle le voit déja
conſumé par les ardeurs de ſa charité ;
& elle ne ſe ſoutient, elle ne ſe con-
ſole que par l'eſpoir qu'il ſera plus tôt
mûr pour le Ciel ; ſemblable à ces
fruits dont la maturité s'avance quand
ils ſont expoſés aux rayons du ſoleil (7).

D'ABORD, à l'exemple de Moïſe
qui, allant recevoir la Loi, conſulta le
Seigneur ſur la manière dont il devoit
gouverner ſon peuple, le nouveau
Prélat

Prélat commence par fe cacher dans la folitude pour apprendre, avec une entière liberté d'efprit, les règles de conduite pour les ames commifes à fes foins : ou, comme Elie, qui, après avoir paffé quarante jours dans le défert, foutenu d'un pain myftérieux, s'avance courageufement jufqu'à la montagne fainte, tel on voit ce jeune Pontife fortir de fa retraite, plein de zèle, franchir les remparts de neige qui s'oppofent à fon paffage, pour arriver jufqu'à la montagne qu'il doit déformais habiter.

Il trouve un Peuple en apparence groffier, mais adroit & pénétrant; religieux, mais peu ou mal inftruit; pauvre & fans reffources. Le Pafteur comprend combien lui font néceffaires les qualités que S. Paul exige.

La fobriété, autant pour l'édification commune que pour fe mortifier foi-

C

même , & être plus en état , par ſes épargnes , de ſuffire aux néceſſités des indigents, *ſobrium* [*]. La prudence, ſoit pour diſcerner les caractères , ſoit pour démêler les vrais d'avec les faux beſoins, ſoit pour tempérer par la douceur , la ſévérité des avis , ou même des châtiments, *prudentem.* La gravité & la décence qui écartent également l'hypocriſie & le faſte , & qui , ſans omettre ce que , dans les occaſions , on doit à la dignité, font rejeter tout ce qui ſe reſſentiroit du luxe ou de la vanité mondaine , *ornatum.* La chaſteté , de ſorte que la médiſance la plus hardie rougiſſe plus tôt que d'attaquer cette vertu dans un Miniſtre des Autels, & qu'elle n'oſe ſeulement pas la ſoupçonner , *pudicum.* La bienfaiſance pour accueillir tous les infortunés , donner un libre accès à tous les malheureux, leur procurer des ſoulagements & des ſecours pro-

---

[*] 2 Tim. 3 , 3.

portionnés , *hospitalem*. La science, non pas cette science qui s'acquiert à l'aide de la sagesse humaine, & que rejetoit le Docteur des Nations [*]; mais celle qui émane du Père des lumières, qui porte l'onction dans les cœurs, qui fait donner à propos du lait spirituel aux enfants de la foi, & une nourriture plus solide aux âmes plus avancées, *Docto-rem* (8).

HABITANTS de ces contrées, qui avez été témoins des actions héroïques de votre Prélat, vous qu'il a arrachés au vice, ou qu'il a fait marcher dans les voies de la perfection; vous qui avez participé à ses libéralités , ou qui avez été les ministres de sa bienfaisance, vous nous diriez sans doute que vous ne l'avez jamais apperçu que dans l'exercice de ses augustes fonctions.

[*] I. Cor. 2, 13.

C 2

Vous l'auriez vû, Messieurs, tantôt
visiter les jeunes élèves qu'il formoit au
saint Ministère, souvent les instruire
par ses discours, toujours les édifier par
ses exemples.

Tantôt il entroit secrètement
dans des cabanes habitées par l'indigence ou la douleur ; il les soulageoit
par ses bienfaits ; il en charmoit la solitude & la tristesse par des paroles de
consolation.

Vous l'auriez vû s'abaisser jusqu'à
catéchiser l'enfance, lui apprendre les
premiers élémens de la foi : se prêter à
recevoir les pénitents de la classe la plus
vulgaire, avec une bénignité qui faisoit
aimer les plus austères pratiques de
l'Evangile. Ni les rigueurs des saisons,
ni les intempéries de l'air, ni les diffi-
cultés des chemins ne font capables de

l'arrêter. Pour parcourir fon Diocèfe ,
il faut cependant gravir quelquefois des
rochers efcarpés ; fe précipiter enfuite
dans des cavernes ; rien n'eft inacceffible à fon zèle : il porte par-tout la lumière de la vérité ; par-tout il adminiftre
les Sacrements ; il exhorte à une fainte
fréquentation : par-tout il répand la fe-
mence de la divine parole ; & pour la
faire mieux fructifier, il diftribue d'abon-
dantes aumônes qui lui attirent mille
bénédictions.

La fanté la plus vigoureufe ne fauroit réfifter à tant d'efforts capables de
la détruire. Auffi, dans le cours d'une
Miffion (9), dès les trois heures du ma-
tin, ce bon Pafteur va au-devant d'une
brebis égarée qui avoit promis de ren-
trer dans le bercail : il l'attend inutile-
ment ; & avant l'aurore, on furprend
cette vigilante fentinelle de la maifon
d'Ifraël, à la porte du Temple, prefque
C 3

fans fentiment. Expofé à tous les fri-
mats, il en éprouva les atteintes ; &
c'eft là, Meffieurs, l'époque de l'alté-
ration effentielle de fa fanté.

QUELLE vive impreffion ne font
point fur cet homme apoftolique les
coups qu'il voit porter à la Religion !
Son zèle pour la pureté de la foi & des
mœurs s'enflamme par les efforts même
de l'enfer. Ce nouveau Mattathias donne
le fignal, il anime fes frères, il les en-
gage à un nouveau genre de combat où
l'on n'emploie d'autres armes que la
prière. Convaincu que, pour réparer
les brêches faites à la fainte Cité, il faut
multiplier le nombre des vrais adorateurs ; il propofe aux Chefs affemblés de
la Nation fainte de propager une dévotion qui ne tend qu'à augmenter l'amour
de Dieu dans tous les cœurs. Il ne fait
fervir l'eftime, dont l'honore la plus ver-
tueufe des Reines, qu'à faciliter un fi
pieux établiffement ; & il a la fatisfaction

dé voir tous les premiers Pasteurs con-
courir à des vues si édifiantes , & s'em-
presser d'apprendre respectivement aux
Fidèles qui leur sont commis, qu'en ado-
rant le Cœur divin de Jésus, on puise
dans la source même des grâces (10).

QUE des incrédules, que de mau-
vais chrétiens tournent en dérision les
actions saintes qu'il ne rougit pas de
pratiquer! Qu'on ajoute même le mépris à la raillerie, dans une circonstance
où il veut faire une sainte violence au
Ciel pour en obtenir une faveur des
plus signalées (11)! On se rira de la
simplicité de ce juste : on donnera une
fausse couleur à ses intentions : on ren-
dra infidèlement les expressions dont il
s'est servi; il en est instruit; il ne s'en
offense point; il fait plus : il demande
& obtient une grâce pour un de ses détracteurs. Quelle vertu !

AVEC des sentiments si parfaits, s'il

se voit forcé de soutenir des droits contestés ; si la plus criante injustice le réduit à chercher auprès de ses amis des ressources pour l'absolu nécessaire, la charité de Jésus-Christ [*] qui le presse, parle plus haut que ses propres besoins (12). Et quand il se rappelle la pénible situation où l'a mis un abus de confiance, il bénit le Ciel de lui avoir ménagé cette humiliation. Nous pouvons aussi lui rendre ce témoignage que la plupart des différends & des contestations qui l'ont agité, auroient été bientôt terminés, si, par esprit d'humilité, & par défiance de ses lumières, il avoit moins déféré à des avis souvent moins judicieux que les siens.

D'AILLEURS, si l'on a remarqué quel-

[*] *Charitas Christi urget nos*, 2 Cor. 5, 14.

ques imperfections dans son gouvernement, Messieurs, c'est l'apanage de l'humanité. Le Ciel le plus beau est rarement sans nuages. Le tableau le mieux fini laisse entrevoir des ombres; mais ces ombres même ne servent qu'à en rehausser l'éclat.

Que ces ombres, que ces taches soient chargées par les noires vapeurs de la calomnie; Sauveur du monde ! vous n'en avez pas été à l'abri vous-même. Vous nous avez appris, par vos leçons & par vos exemples, que la vertu, pour être sublime, doit passer par le creuset des tribulations.

La malignité & l'ingratitude enfantent des monstres qui ne craignent pas de déchirer la réputation de l'homme juste (13). Il adoucit leur férocité par sa patience; & la continuité de sa bienveillance envers ses ennemis fait éclater l'héroïsme de sa vertu.

IL n'eſt pas cependant aſſez pré-
ſomptueux que de ſe croire ſans défauts. Il ſe regarde comme très-impar-
fait. Il a la modeſtie de le penſer ; il a
le courage de l'avouer. Ce ſentiment
détermine ſa retraite. C'eſt en cela,
Meſſieurs, qu'il me paroît plus admirable encore.

SON Souverain ſe félicite du choix
honorable qu'il en a fait. Il ſe voit vé-
néré d'un Monarque étranger (14)
ſous la domination duquel ſe trouvent
la plupart de ſes Diocéſains. La voix
du peuple eſt ordinairement la voix de
Dieu. Mais le Prélat qui, en ſanctifiant
les autres, n'a pas perdu de vue ſa
propre ſanctification, appréhende néanmoins, comme le grand Apôtre, d'être
réprouvé lui-même. Pénétré de cette
crainte ſalutaire, depuis long temps il
conſultoit le Seigneur ; il croit entendre
une voix déciſive : il obéit.

MAIS fur qui tombera le choix de son succeffeur? Ce seroient de vraies inquiétudes pour le vertueux TRESSE-MANNES, s'il n'étoit pas pleinement confiant en la divine Providence. Il est tranquille en abdiquant : il l'est bien plus, en apprenant que ses enfants vont être adoptés par un Pontife (15) dont le zèle éclairé s'est manifesté dans l'adminiftration des deux premières Eglifes de France, & d'un Ordre célèbre. Dès ce moment l'ancien Prélat ne veut s'occuper que des années éternelles ; mais les œuvres de charité le fuivront par-tout. Regardant les revenus qu'il tient de l'Eglife, comme des biens que la charité a donnés, & que la charité doit répandre ; ne s'en confidérant que comme le dépofitaire, c'est de la charité feule qu'il emprunte toute fa décoration (16). Il chérit & refpecte les pauvres. La grandeur de fa foi lui fait découvrir en eux, non feulement fes femblables, mais la per-

fonne même du Dieu Sauveur. Il trouve
la plus douce fatisfaction à pouvoir les
foulager ; & quand il fe voit dans l'im-
puiffance d'accorder tout ce qu'on lui
demande, c'eft une bleffure fi doulou-
reufe pour fon cœur, que fon corps
même en eft vivement affecté (17).

L'ENFANCE fans reffource, la
jeuneffe en danger, la vieilleffe aban-
donnée avoient fur-tout des droits à
fes largeffes. Des familles chancelantes
dont, par fes prompts & efficaces fecours,
il a prévenu la chûte ; le feu de la dif-
corde qu'il a éteint (18) par un bienfait
mémorable configné dans les faftes de
fa Ville épifcopale ; une infinité d'indigents, fans acception de perfonnes,
qu'il a nourris, qu'il a préfervés des rigueurs de l'hiver, & délivrés de la honte
de la nudité, feront des témoins élo-
quents de fon inépuifable charité (19).

PAUVRES de Jéfus-Chrift, pleurez

un si généreux protecteur. Ministres du Dieu vivant, pleurez un modèle si accompli : ajouterai-je un ami si vénérable ?

MESSIEURS, nous avions éprouvé son affabilité, ses manières prévenantes, son affection. Quelle candeur ! quelle simplicité ! avec quelle liberté, je dirai même, avec quelle familiarité nous admettoit-il dans son honorable société (20) !

SE pourroit-il, grand Dieu ! qu'une si belle âme fût privée de votre vue béatifique ! Que deviendroient vos promesses ! quelles seroient nos espérances pour nous - mêmes ! Ah ! la paix, la confiance, la sécurité que ce Chrétien a fait paroître jusqu'au dernier souffle de sa vie, font pour nous un présage de son bonheur. Exempt, à ce redoutable passage, des troubles, des frayeurs, des agitations qu'ont éprouvés de grands Saints , le sommeil de la mort a laissé doucement échapper son âme de sa terrestre habitation. Nous pouvons donc espérer que sa mort a été précieuse à vos yeux. Nous implorons néanmoins votre miséricorde. Nous réclamons les mérites de votre divin Fils , pour accélérer , si ses imperfections n'étoient pas tout-à-fait effacées , son entrée dans vos Tabernacles éternels. Ainsi soit-il.

NOTES HISTORIQUES.

(1) La Maison de TRESSEMANNES, originaire de Provence, a donné onze Chevaliers ou Commandeurs à l'Ordre de Malthe. Gaspard y avoit été inscrit de minorité.

(2) Ces associations font connues dans les Séminaires de la Congrégation de S. Sulpice. Les Ecclésiastiques qui les forment, conservent ordinairement mieux l'esprit de leur état.

(3) Ce que l'on avance ici du caractère de M. l'Évêque de Glandève, est connu de tous ceux qui l'ont fréquenté. Il avoit même un penchant particulier à la critique. Quoique naturellement timide, quand il étoit avec fes amis, il mettoit de la gaieté dans la conversation, il donnoit un essor assez libre à son imagination dont la vivacité se ressentoit du fol qui l'avoit vu naître. Quand il avoit conçu un projet utile, il vouloit de la célérité dans l'exécution. Pour y réussir il étoit constant, & savoit employer une douceur insinuante & persuasive.

(4) Depuis fa sortie du Séminaire, il

faisoit régulièrement chaque année, au moins une retraite de plusieurs jours ; quelquefois d'un mois. Celle qu'il fit avant saconsécration, dura six semaines, dont il passa la plus grande partie dans l'Abbaye de la Trappe.

(5) En 1769, on crut devoir souftraire à son zèle qui paroissoit immodéré, deux ci-lices, dont un presque usé, une ceinture & une discipline de fer. L'habitude qu'il avoit contractée de passer chaque jour plusieurs heures en oraison, avoit produit en lui ce qui est rapporté de S. Jacques le mineur, que ses genoux s'étoient endurcis. Un des plus célèbres Chirurgiens de la Capitale, [M. Louis] appellé, il y a quelques mois, dans une maladie qu'avoit eue le Prélat, s'en apperçut, le fit remarquer à ceux qui étoient présents, & embarrassa extrêmement la modestie de ce serviteur de Dieu.

(6) M. le Comte du Muy, Brigadier des Armées du Roi, Meftre de Camp-Commandant du Régiment de Soiffonnois, Chevalier de l'Ordre Royal de S. Louis, & de la Société de Cincinnatus, neveu de M. l'ancien Évêque de Glandève qui, en l'instituant son légataire universel, a fait des dispositions plus onéreuses qu'utiles à son héritier.

(7) On a fu d'un Directeur refpectable du Séminaire S. Sulpice [M. de Mateflon] qu'on avoit été long-temps à vaincre la réfiftance de M. l'Abbé de Treffemannes, quand il fut nommé Evêque de Glandève. Déja il avoit refufé la Coadjutorerie de l'Evêché d'Apt, dont il étoit Vicaire-Général.

La Marquife de Treffemannes fut pénétrée de douleur, à la nomination de fon fils : ce fait eft notoire en Provence.

(8) Plus d'une fois engagé, comme Paul & Barnabé, à faire une exhortation à des Fidèles affemblés, ou à des Communautés Religieufes, fans autre préparation qu'une courte élévation vers l'Auteur de tout bien, l'Efprit-Saint lui fuggéroit des paroles d'édification, adaptées aux circonftances. On pourroit en citer plus d'un exemple dans la Capitale.

(9) Dans la Paroiffe où fe donnoit la Miffion, pendant l'Avent, un habitant depuis plufieurs années ne s'étoit point approché des Sacrements. C'étoit un fcandale criant dans cette Paroiffe où la foi antique étoit refpectée, & les mœurs s'étoient bien confervées. Le Curé en inftruifit M. l'Evêque qui invita le réfractaire d'aller le trouver.

D

Celui-ci n'allégua que de frivoles excuſes.
Le Prélat lui parla avec tant de bonté, l'ex-
horta avec tant de douceur & de force, qu'il
lui fit promettre de ſe trouver à l'Egliſe dès
le lendemain, avant que les Fidèles ne fuſſent
aſſemblés, pour lui épargner une confuſion
imaginaire; & qu'il recevroit ſa confeſſion.
Il n'y eut que le charitable Paſteur qui s'y
rendit. Malgré la vive impreſſion de l'air
qui lui glaça preſque la tête, ſon courage le
porta à commencer les exercices. A peine
eut-il célébré les ſaints Myſtères, qu'il fut
obligé de ſe retirer. On eut une peine ex-
trême à le réchauffer, & tant qu'il a vécu, il
s'eſt toujours reſſenti du froid exceſſif qu'il
éprouva dans cette circonſtance.

(10) Voyez le procès-verbal de l'aſſemblée
générale du Clergé de l'année 1765. Aucun
des Prélats n'a ignoré la part qu'a eue M. de
Glandève dans ce ſalutaire établiſſement.

(11) Pendant la maladie qui enleva M. le
Dauphin, la Reine deſira que M. de Glandève ne quittât point la Cour. On ſe rappelle
encore avec attendriſſement, la ſenſibilité
générale que fit paroître la Nation : vœux,
prières, concours dans nos Temples, affluence
de tous les Ordres de l'Etat, pour intéreſſer

le Ciel à la confervation d'une Tête fi chère
Dans l'Hiftoire de la Monarchie, il eft peu
d'exemples qu'un Prince mourant ait caufé
de fi vives alarmes, & qu'à fa mort il ait
emporté tant de regrets. M. de Treffemannes ayant mérité par fes vertus, l'eftime, &,
j'ofe le dire, la vénération de la Cour, avoit
été à portée d'apprécier la perte qu'alloient
faire la Religion & l'Etat. Animé d'un zèle
patriotique & pour fes Maîtres & pour fes
Concitoyens, il fe dérobe pour paffer une
nuit entière aux pieds des Autels, dans la
Chapelle du château de Fontainebleau. Cette
démarche qui ne devoit lui attirer que du
refpect & de la reconnoiffance, donna occafion à des plaifanteries. On voulut le faire
paffer pour un vifionnaire, pour un homme
dangereux. Un Seigneur, qui peu aupara-
vant l'avoit prié de s'intéreffer pour lui auprès de la Reine, fut un de ceux qui fe dé-
chaînèrent avec le plus d'indécence contre
la dévotion du Prélat. Ce fut alors qu'il
donna un exemple rare des fentiments qu'inf-
pire notre bienfaifante Religion. Il fe ven-
gea de ce détracteur, en follicitant pour lui
avec plus de zèle ; & la Reine lui ayant de-
mandé s'il ignoroit tout ce que M. . . . .

* D 2

s'étoit permis à son sujet, il lui fit cette réponse : *Madame , c'est pour cela même que je supplie encore plus instamment V. M. de lui être favorable :* & la grace fut obtenue.

(12) Depuis son abdication, il fut obligé de se pourvoir contre une lésion énorme. L'affaire fut portée successivement devant plusieurs Tribunaux. Il triompha de son adversaire; mais il a usé envers lui d'une modération qu'on peut appeller excessive. Pendant que tout son revenu étoit arrêté, il auroit manqué du plus étroit nécessaire, sans le zèle intelligent du sage Ecclésiastique qui avoit sa confiance. Et lors même qu'il vivoit d'emprunt, il trouvoit le moyen de soulager les infortunés.

(13) Des personnes, d'ailleurs respectables, s'étoient permis, contre cet homme si sage & si désintéressé, de répéter des bruits injurieux à ses mœurs & à sa probité. Ils étoient si grossiers, si invraisemblables , qu'ils n'ont pu faire impression. Le bon Prélat qui ne l'avoit pas ignoré, s'est imposé constamment là-dessus le plus rigoureux silence ; il recevoit même avec honnêteté ses plus odieux détracteurs.

(14) M. de Treffemannes jouissoit d'une

telle réputation à la Cour de Turin, que S. M. S. avoit résolu de se l'attacher. Le Prélat s'efforça de désabuser de la bonne opinion qu'on avoit de lui, & d'ailleurs représenta qu'il se devoit à son légitime Souverain. « C'est mon affaire, repliqua le Roi ; » au surplus, Henri IV ne nous consulta point » quand il voulut nommer le saint Evêque de » Génève à la Coadjutorerie de Paris ». M. de Glandève rougit d'un parallèle si flatteur, & en témoignant toujours sa reconnoissance, il ajouta qu'il ne pourroit faire aucun bien dans ses Etats, ne sachant pas la langue naturelle. « N'importe, continua Charles Emmanuel, la » plupart de mes Sujets entendent le François, » plusieurs le parlent ; j'ordonnerai à tous vos » Diocésains de l'apprendre ».

(15) M. Hachette des Portes, ancien Evêque de Cydon, a été long-temps premier Vicaire-Général de Rheims, sous le Prince de Rohan. Pendant que M. de Beaumont fut à la Trappe, il gouverna également avec sagesse le Diocèse de Paris : il a été l'espace de vingt ans, Visiteur-Général des Carmélites. Dans le Diocèse de Glandève il a déja fait des fondations aussi glorieuses à la Religion qu'utiles à l'humanité.

(16) M. de Treffemannes n'a jamais porté ni habit, ni foutane, ni manteaux, ni bas de foie : il n'a jamais eu d'équipage. Tout le ton de fa maifon étoit analogue à cette grande modeftie.

(17) Une perfonne digne de foi attefte que plufieurs fois le charitable Prélat a eu la fièvre occafionnée par les refus qu'il fe voyoit forcé de faire.

(18) En 1770 il y eut une fermentation étonnante dans la ville d'Entrevaux, Capitale du Diocèfe de Glandève. La divifion qui régnoit entre les principaux habitants, pour une affaire de Communauté, préfageoit la ruine de plufieurs familles. Pour l'empê-cher, M. l'Evêque donna une fomme de 3800 livres. Le procès fut terminé, la paix cimentée ; & la Ville infcrivit fur fes regif-tres une Délibération qui honorera éternel-lement la mémoire d'un fi illuftre bienfai-teur.

(19) Il n'a eu que feize mois la maifon de Franconville, & il a diftribué dans cette Paroiffe des aumônes très-abondantes. Il s'étoit fignalé, l'hiver dernier. Le Procureur-Fifcal de ce village a calculé que depuis le mois de Mai dernier, jufqu'au commence-

ment de Septembre , fans y comprendre le
pain qu'il faifoit fournir habituellement, il
a donné plus de 3000 livres. On a déja rendu
publique [*voyez les Affiches de Province,*
Feuille du Jeudi 23 Septembre 1784] une
réponfe pleine de fentiment qu'il fit à un de
fes amis qui vouloit lui perfuader d'avoir des
chevaux, pour être plus à même de jouir de
la fociété : *j'aime mieux nourrir des pauvres*
que des chevaux.

(20) Il faut avouer que la grande févé-
rité des mœurs de M. de Treffemannes avoit
quelquefois fait concevoir des idées peu
avantageufes à fes qualités fociales ; mais à
peine l'avoit-on connu , qu'on dépofoit ces
préventions. Les Eccléfiaftiques étoient ceux
qu'il fréquentoit plus volontiers, oubliant fa
dignité , pour vivre avec eux comme Con-
frère. Auffi le Service folemnel que ceux de
fon voifinage lui ont fait célébrer , eft-il
autant un tribut de fentiment pour fa mémoire, qu'un hommage à fes vertus. MM. les
Curés du Pleffys-Bouchard , de Houilles ,
d'Argenteuil, de Cormeilles, de S. Gratien,
de Genevilliers, d'Epinay, de Sannois, de Sar-
trouville , de Montigny, de Franconville ont
été préfidés en cette occafion par M. Dulau ,

ancien Curé de Saint Sulpice, lequel, paſ-
fant une partie de l'année dans la vallée de
Montmorency, avoit été témoin de la fen-
fation qu'y avoit faite la préſence de ſon pré-
cieux ami. Ses plus eſtimables voiſins, dans
les différents ſéjours qu'il a habités, n'ont
ceſſé d'entretenir des relations avec lui : mais
il ne ſe communiquoit guère qu'en propor-
tion du bien qu'il croyoit en réſulter. En
1783, on donna à Sannois une fête cham-
pêtre pour l'inſtitution de quatre Prix de
Sageſſe. Le Prélat, invité, s'y rendit, au
milieu d'une aſſemblée formée par quantité
de perſonnes de diſtinction, & par pluſieurs
milliers d'habitants des champs. Le Seigneur
de la Paroiſſe, fondateur de la touchante céré-
monie, en décerna l'honneur au Pontife, &
la Vertu fut couronnée par les mains de la
ſainteté.

M. GASPARD DE TRESSÉMANNES,
né au château de Brunet, Diocèſe de Riez,
en 1721 ; ſacré Evêque de Glandève, le
19 Octobre 1755 ; donna ſa démiſſion
en 1771 ; & eſt décédé à Franconville-la-
Garenne, vallée de Montmorency, le 5 Septembre 1784.

F I N.

APPROBATION.

J'AI lu, par ordre de Monseigneur le Garde des Sceaux, un Manuscrit intitulé : *Oraison Funèbre de M. l'ancien Évêque de Glandève*, par M. l'Abbé DE SAINT-MACAIRE. Dans l'esquisse des rares vertus que l'Orateur chrétien présente ici à l'admiration de ses Lecteurs, il leur sera facile de reconnoître toutes celles qui ont en effet caractérisé cet illustre Prélat dont la Religion, les gens de bien, & les pauvres pleureront long-temps la perte ; & il est sans doute bien consolant, pour son digne Panégyriste, de n'avoir eu besoin que de la vérité seule pour peindre fidèlement son Héros. Donné à Paris, ce 17 Décembre 1784,

LOURDET, Professeur Royal.

De l'Imprimerie de L. JORRY, Libraire-Imprimeur de MGR. LE DAUPHIN, rue de la Huchette.